F.A. Ross

SUNSCAPES

An Art Deco-Inspired Coloring Book

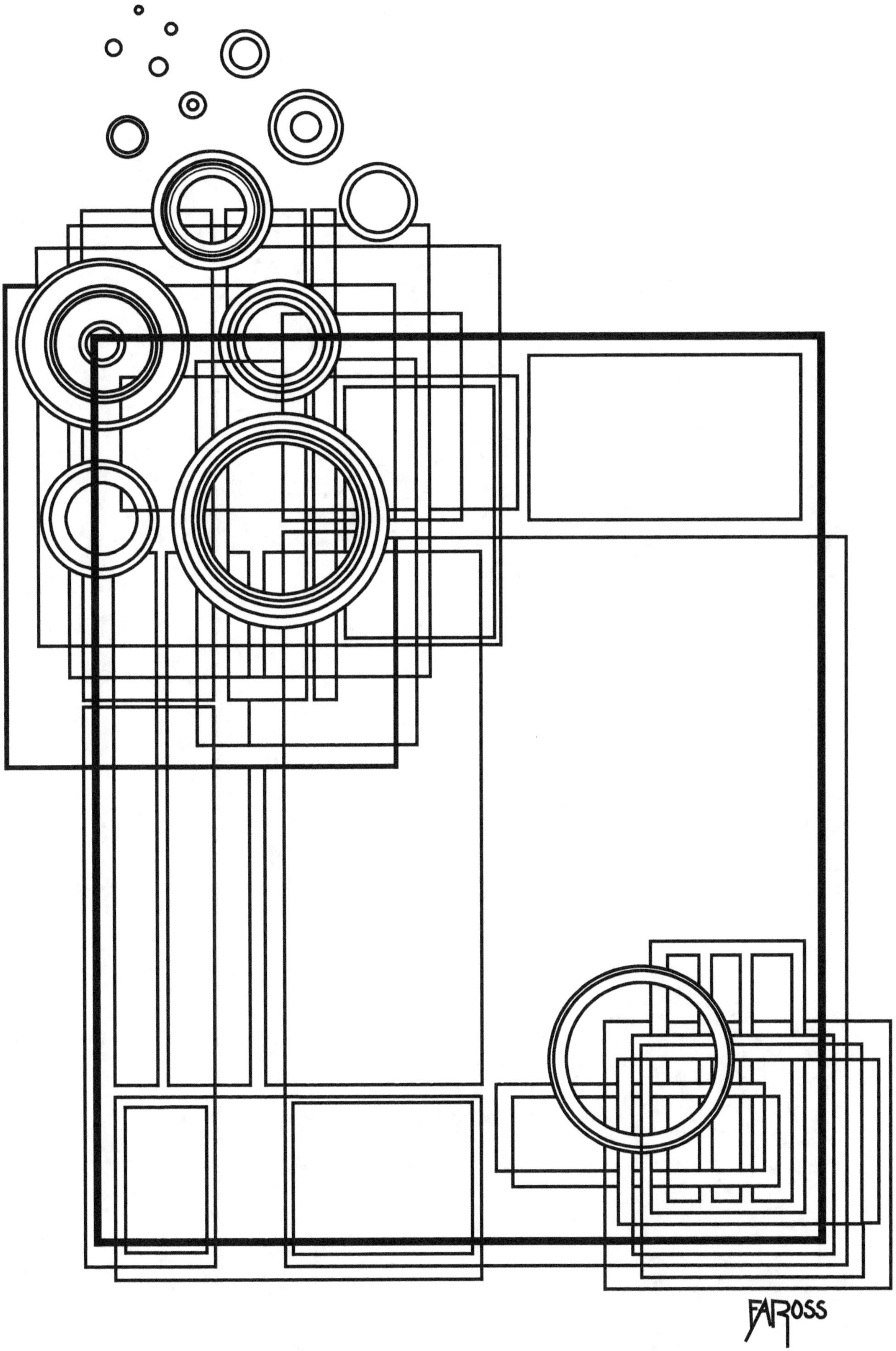
FARoss

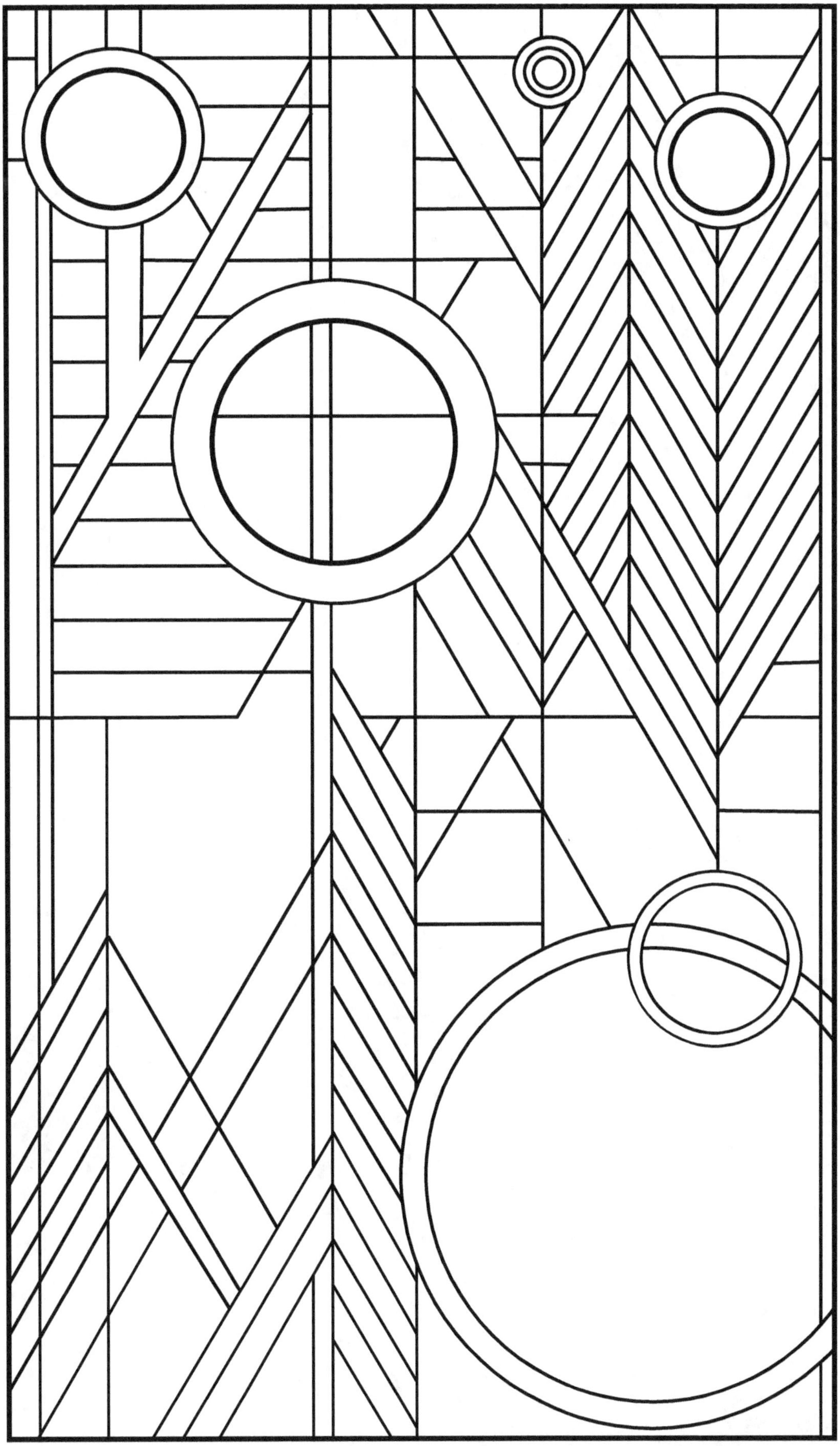

FAROSS

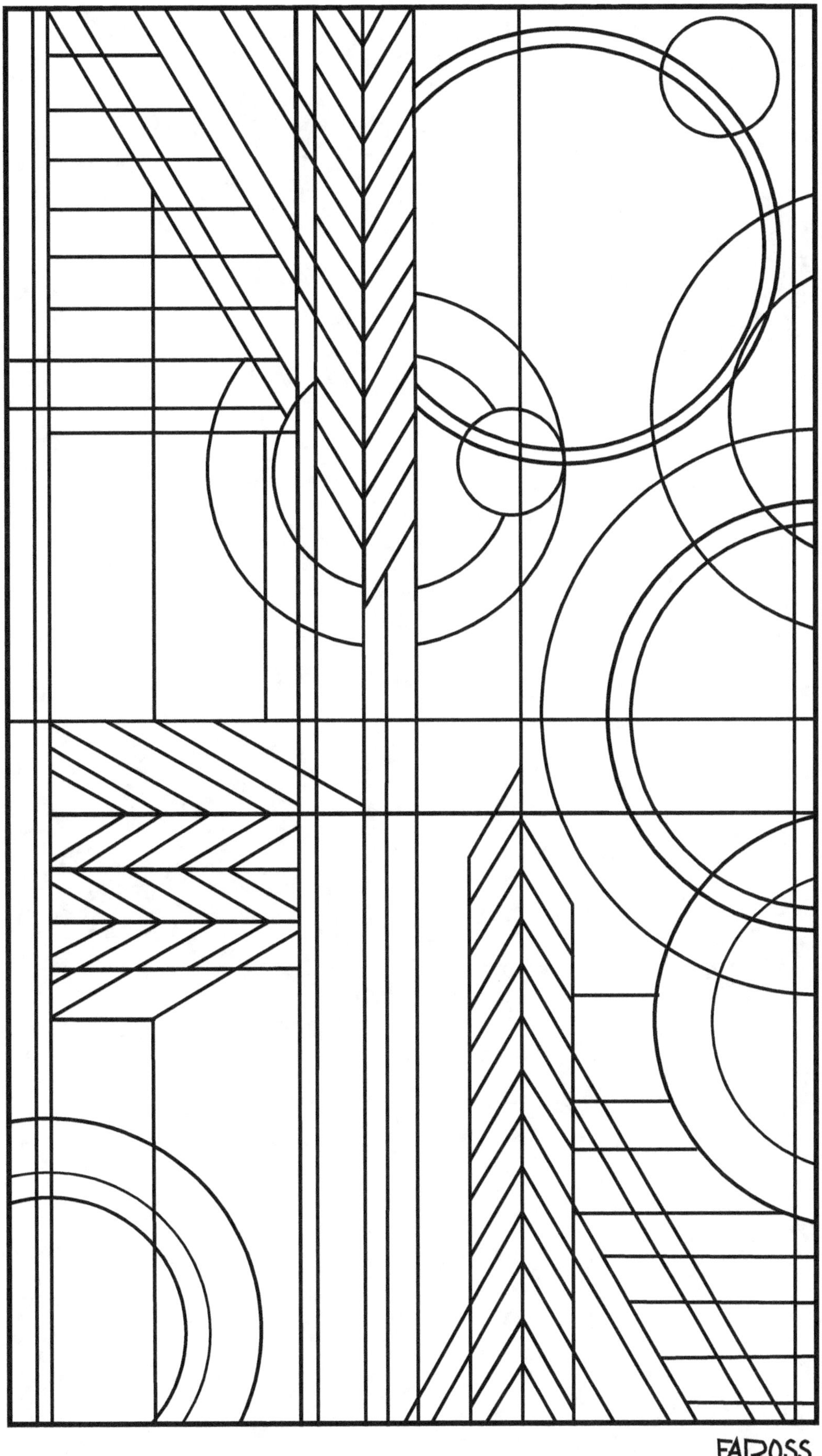
FAROSS

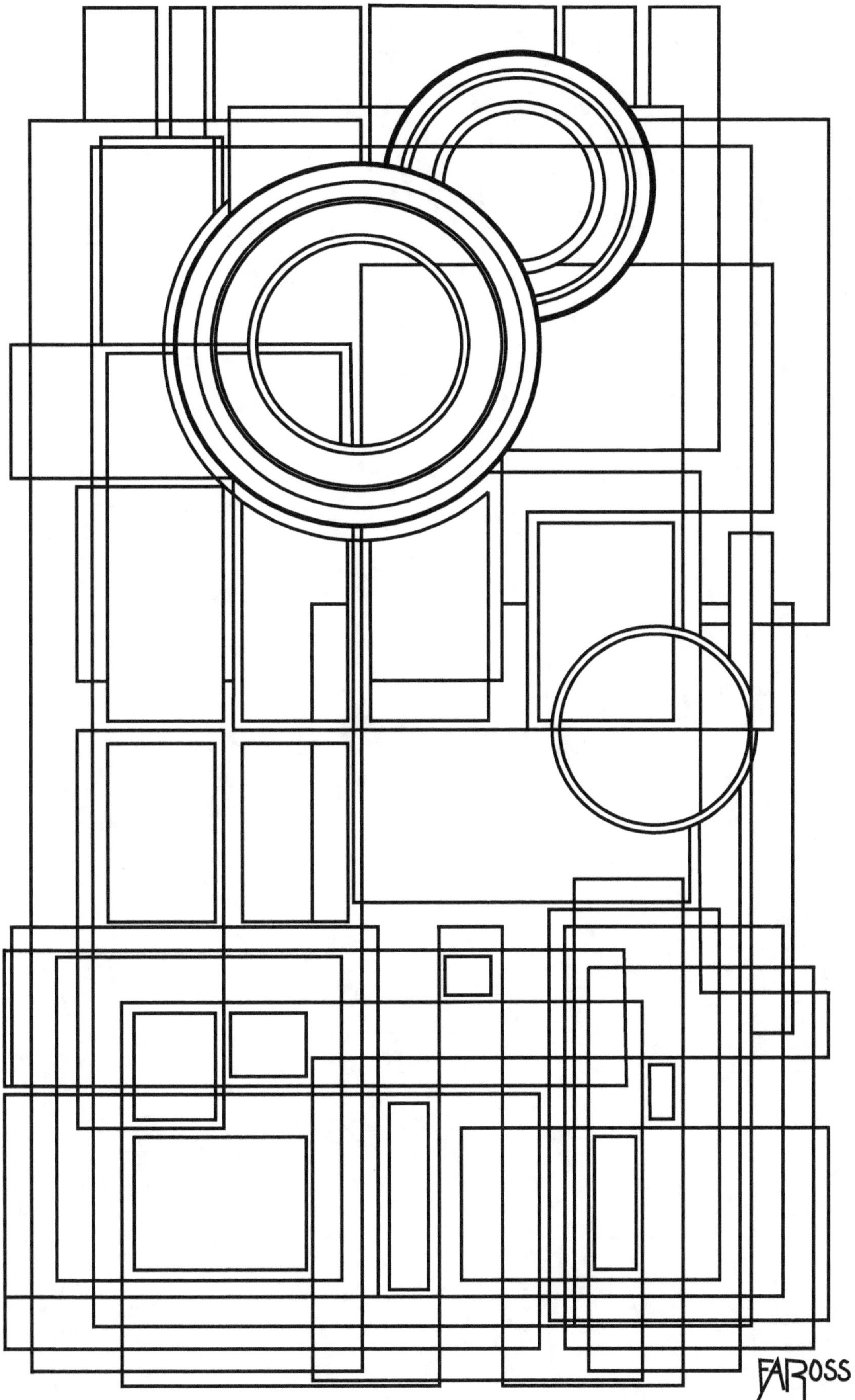FAROSS

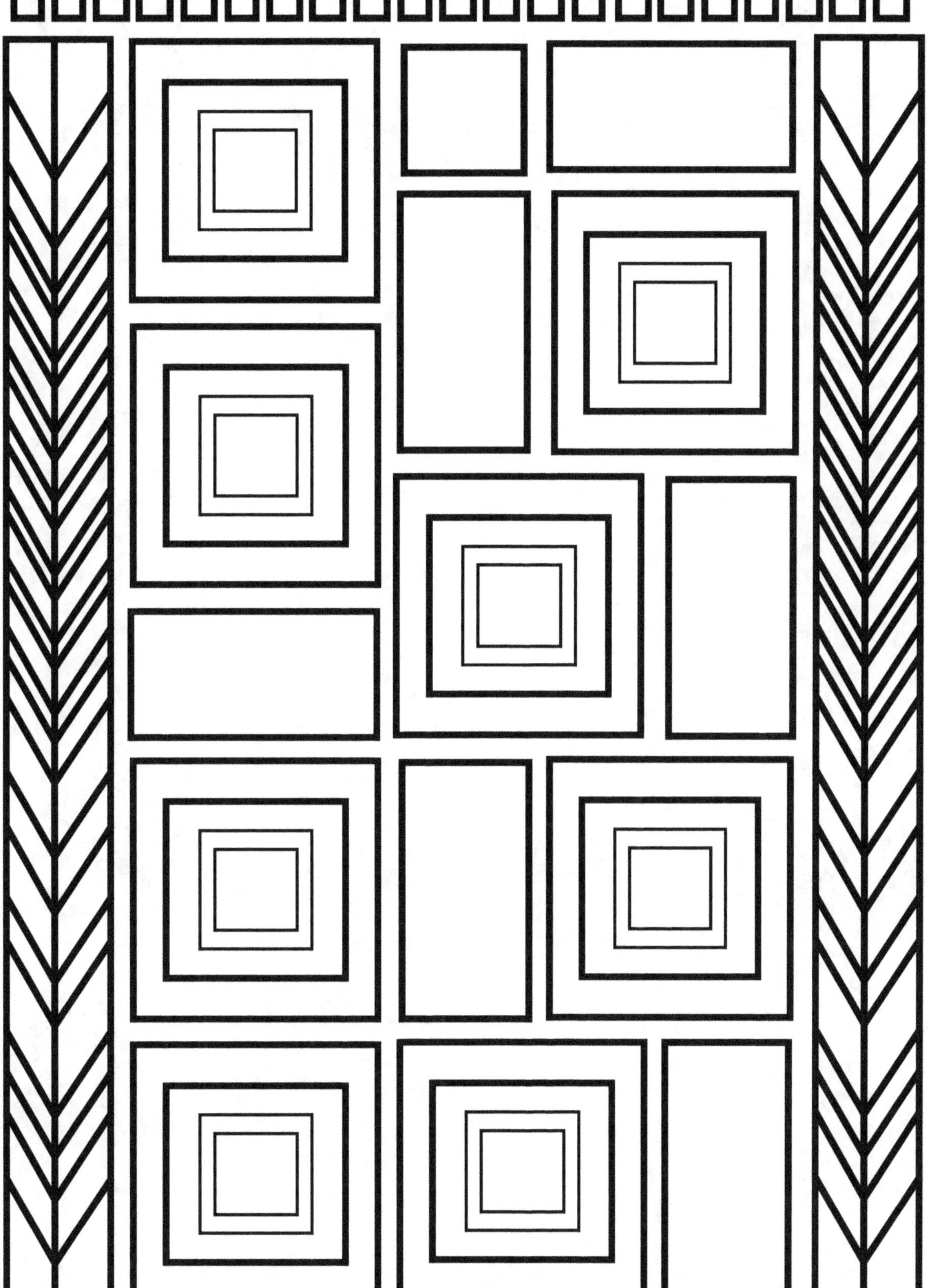

FARoss

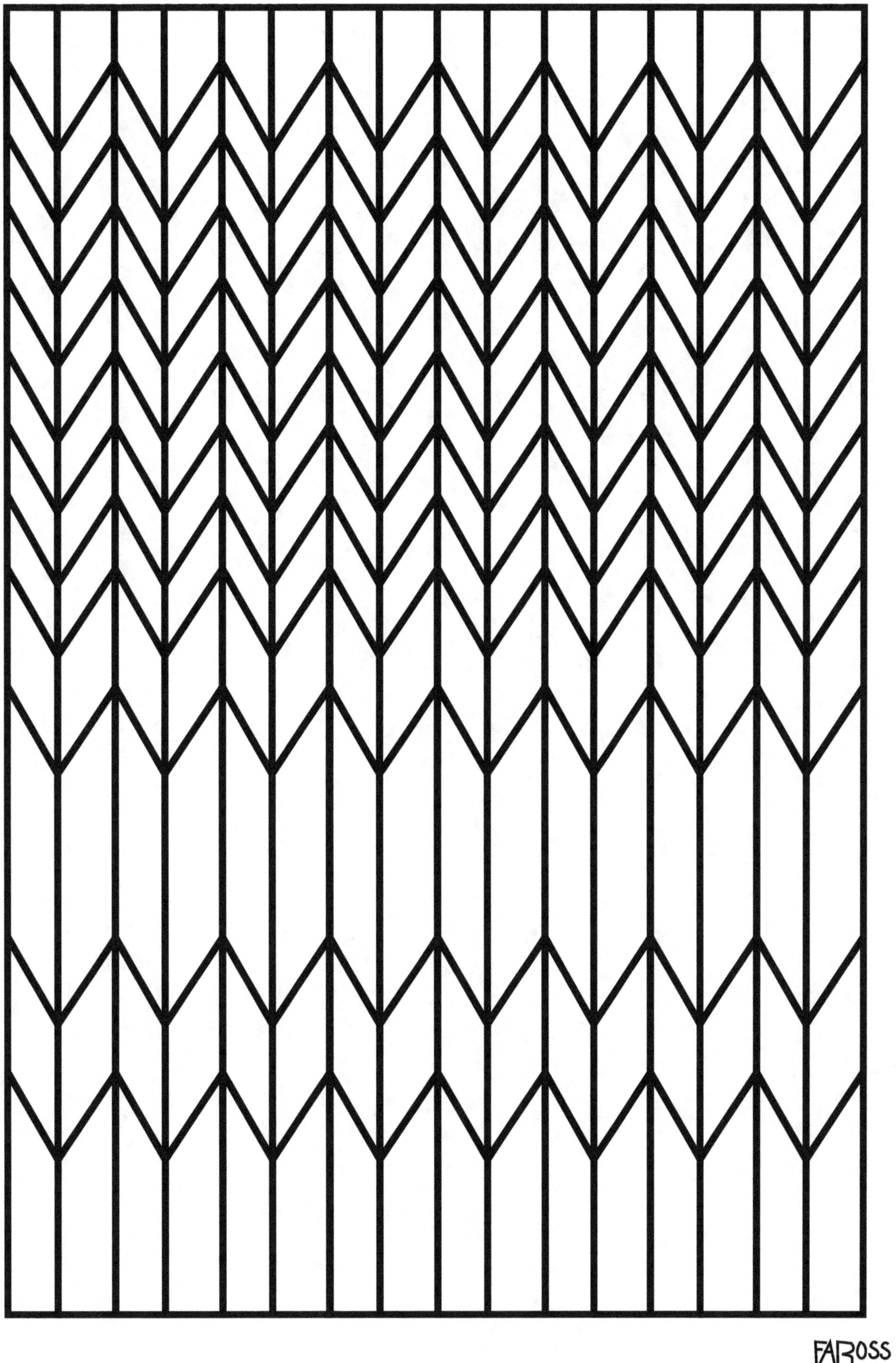
FAROSS

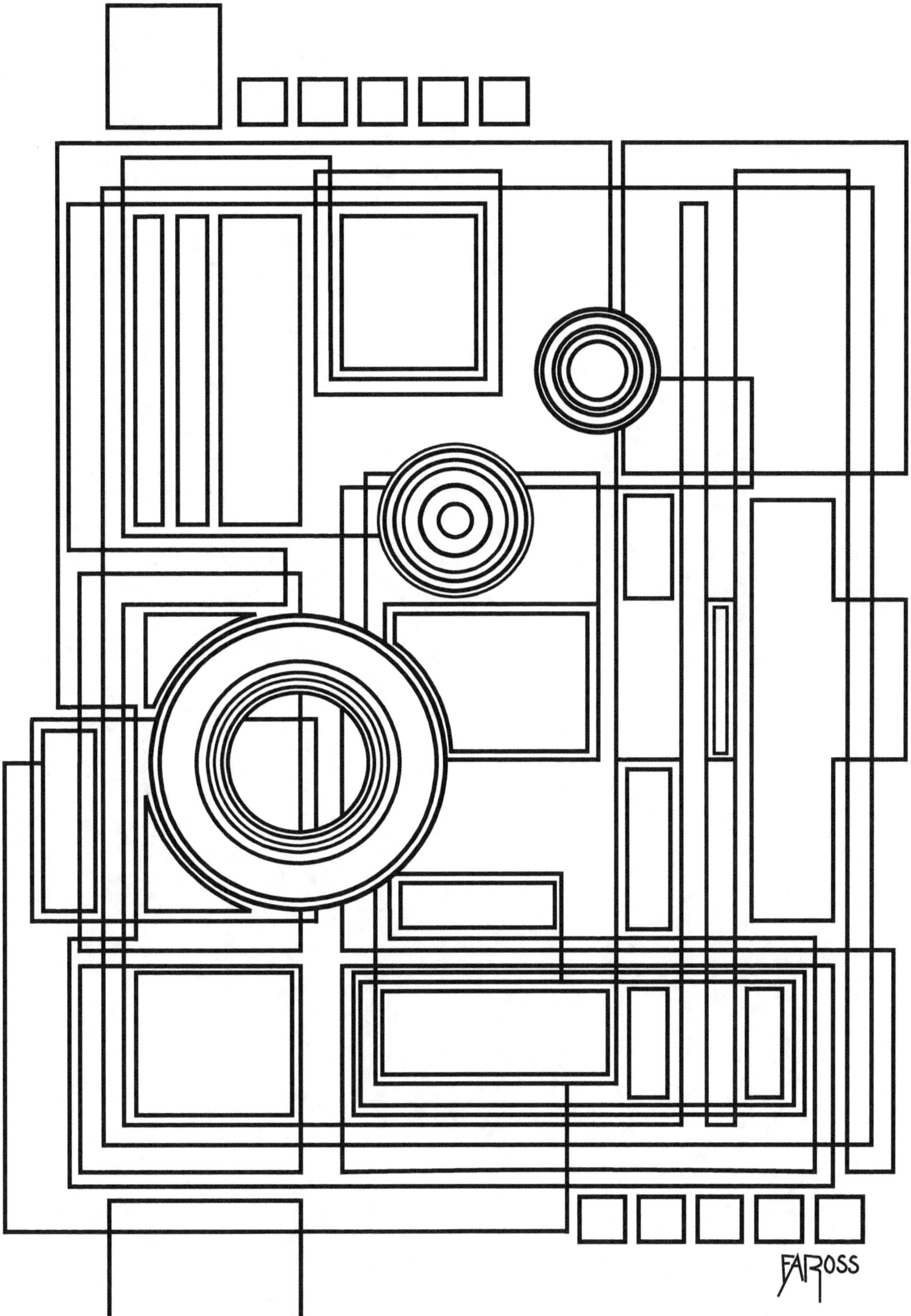
FAROSS

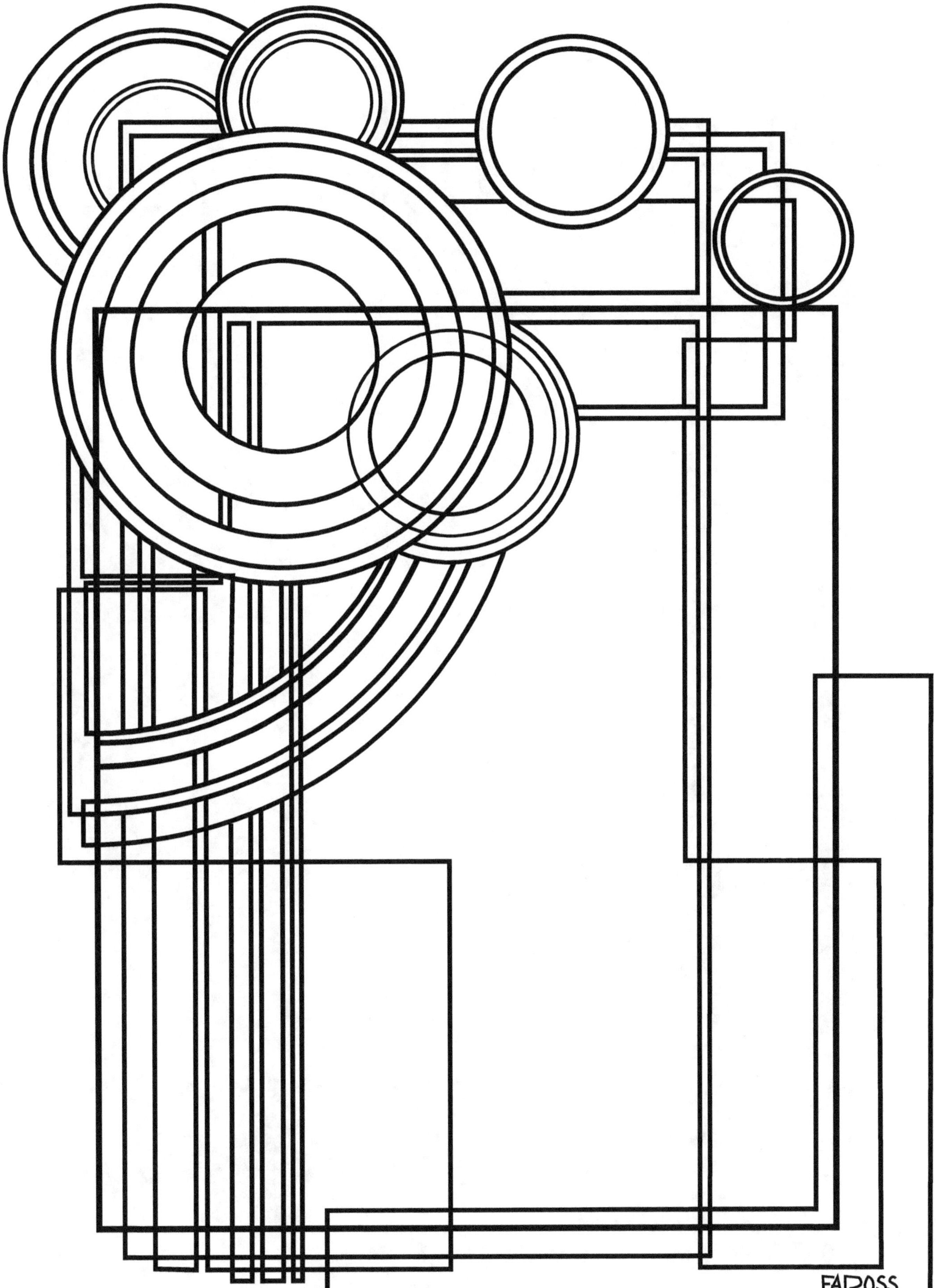
FAROSS

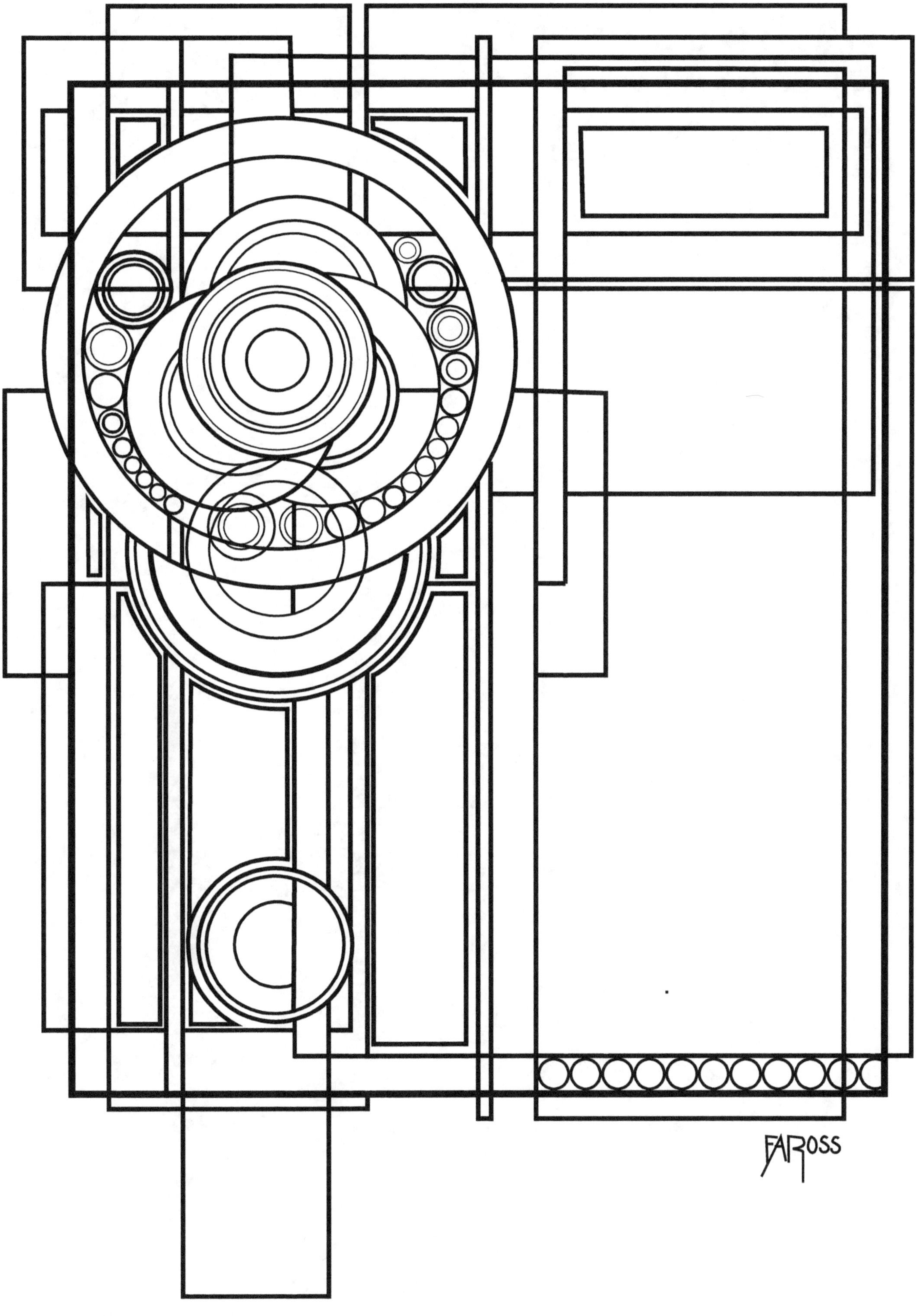
FAROSS

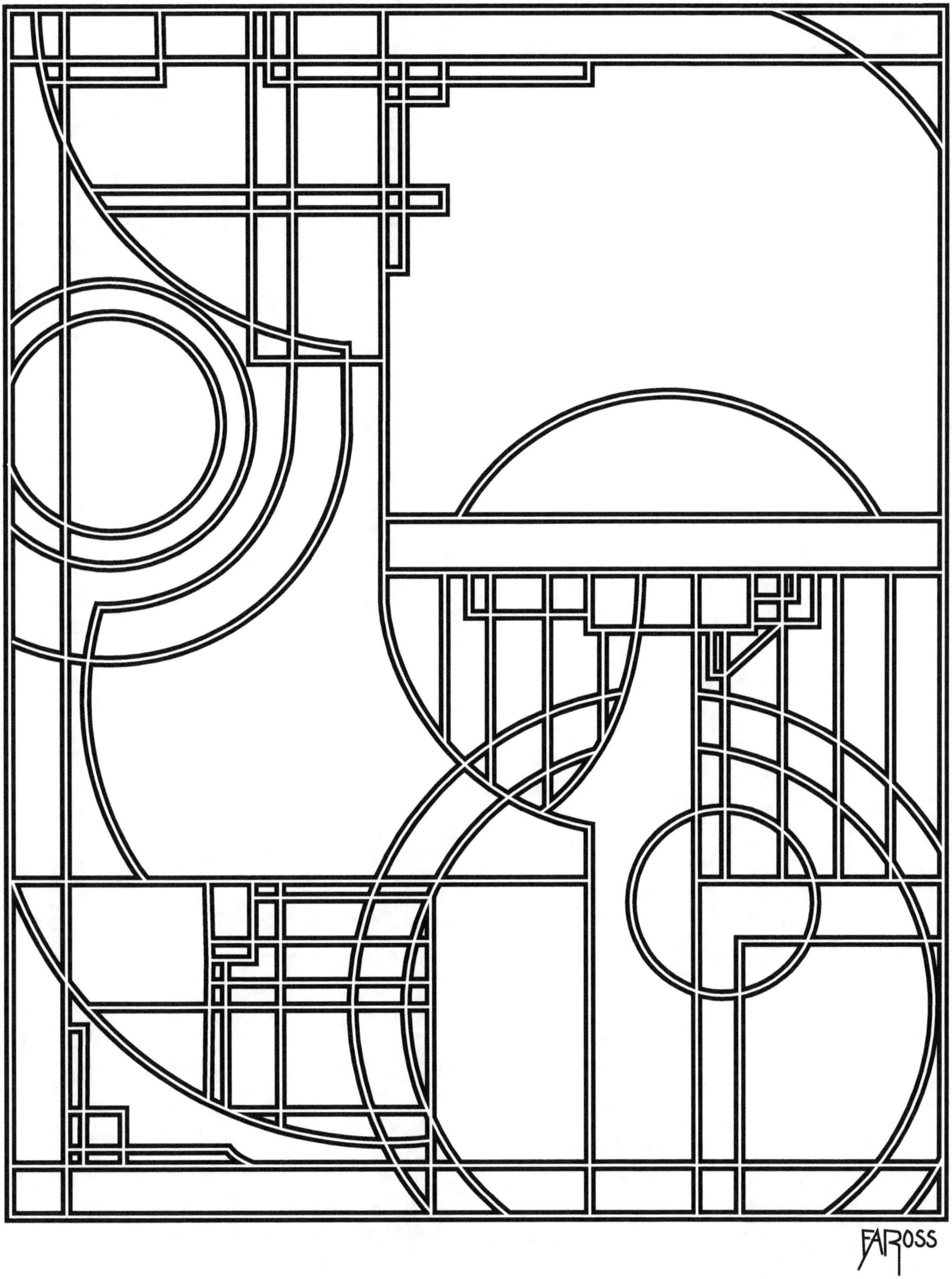
FAROSS

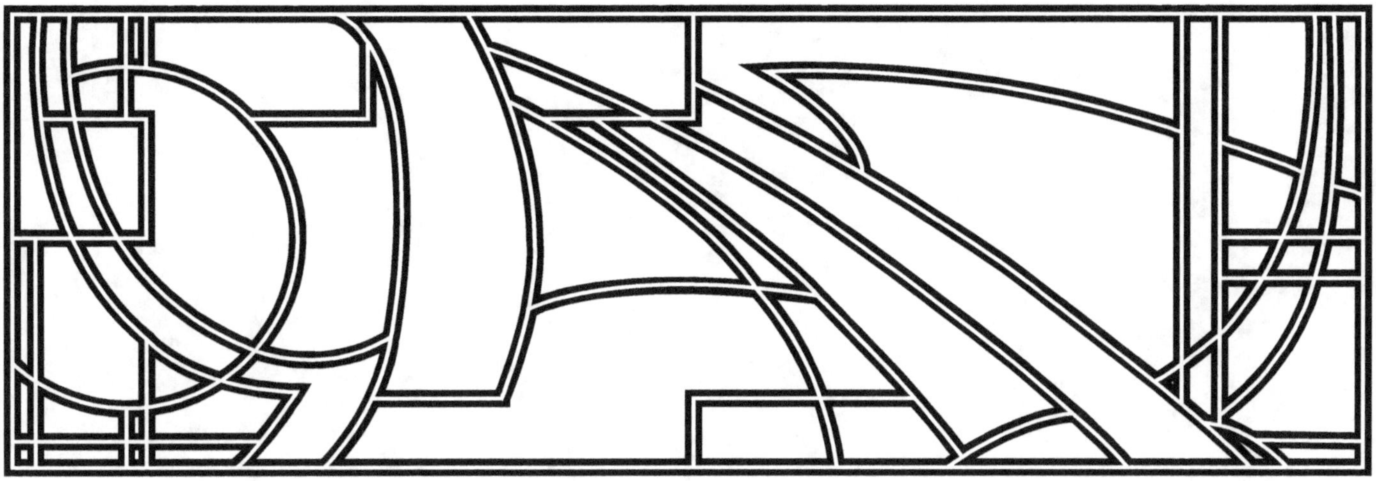

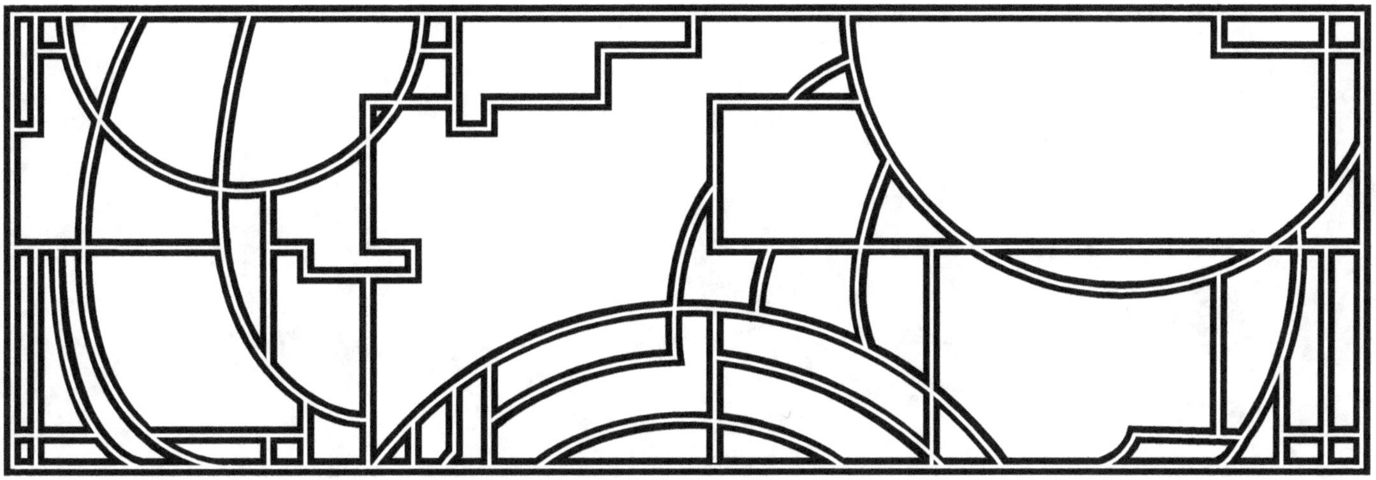

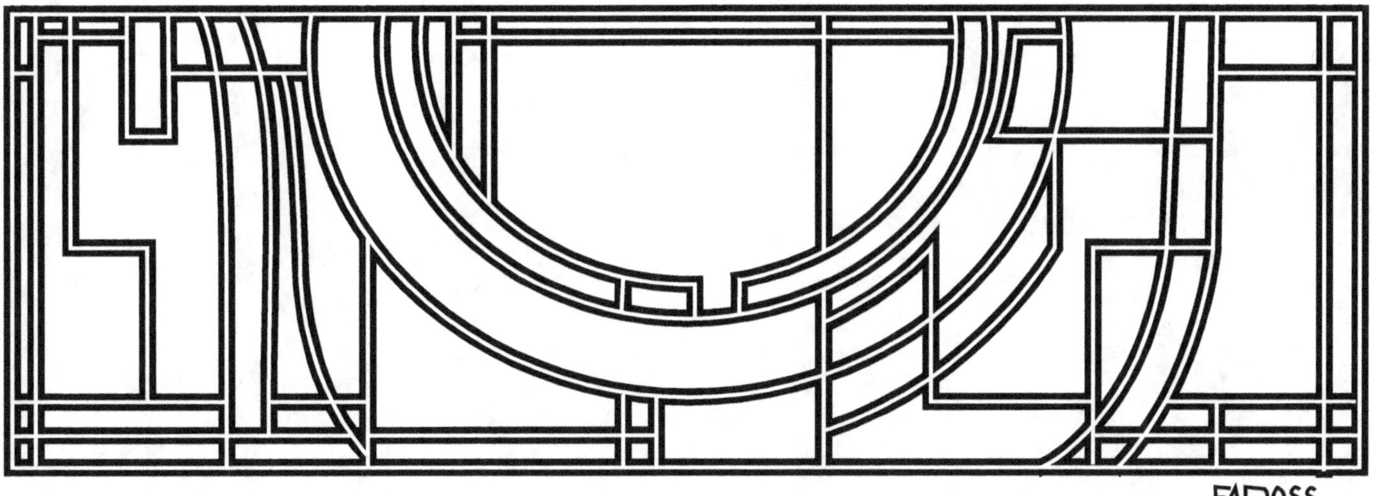

FAROSS

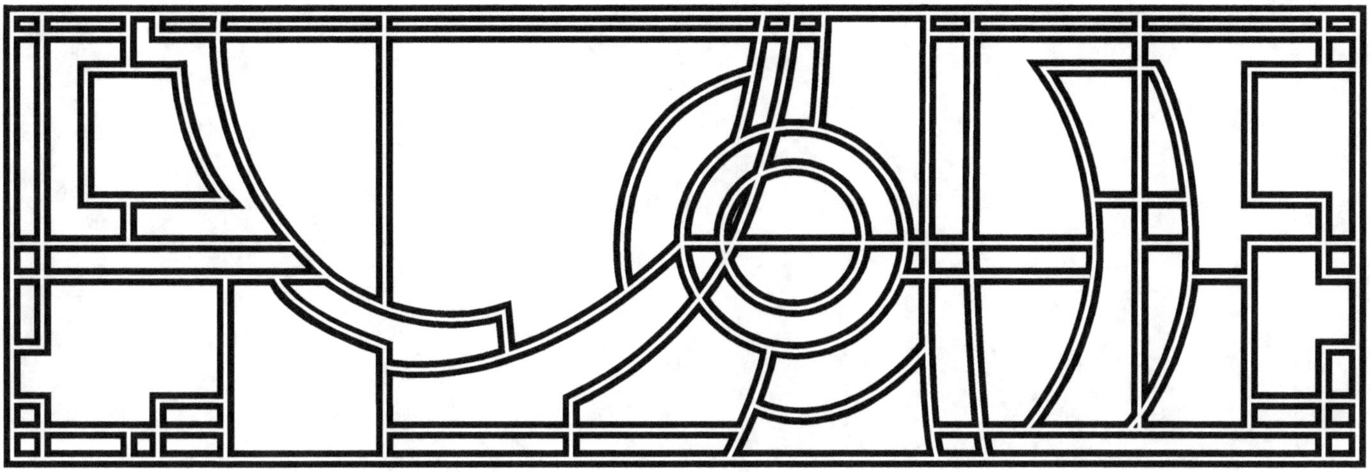

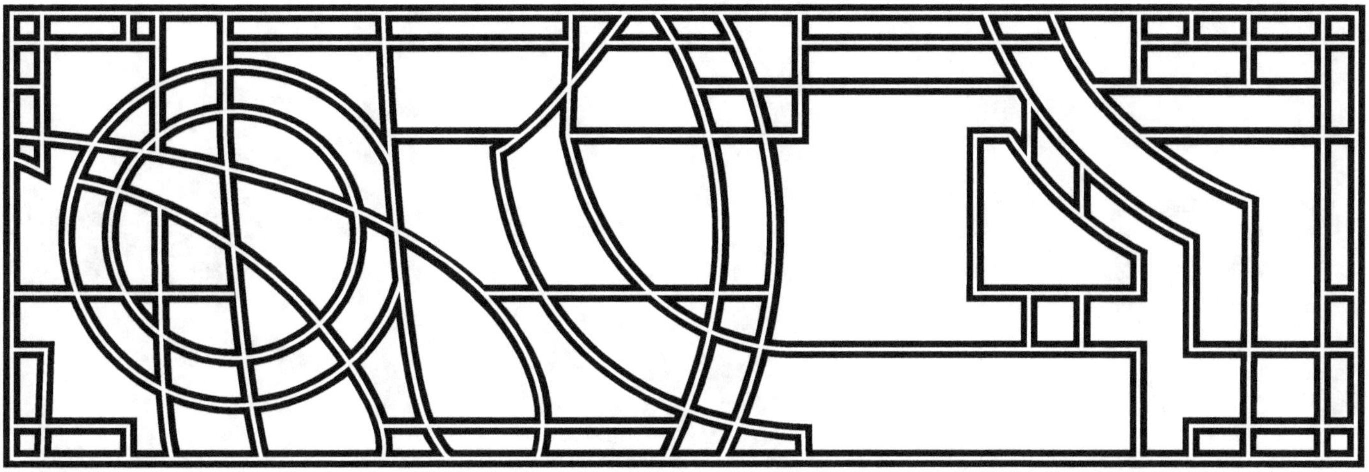

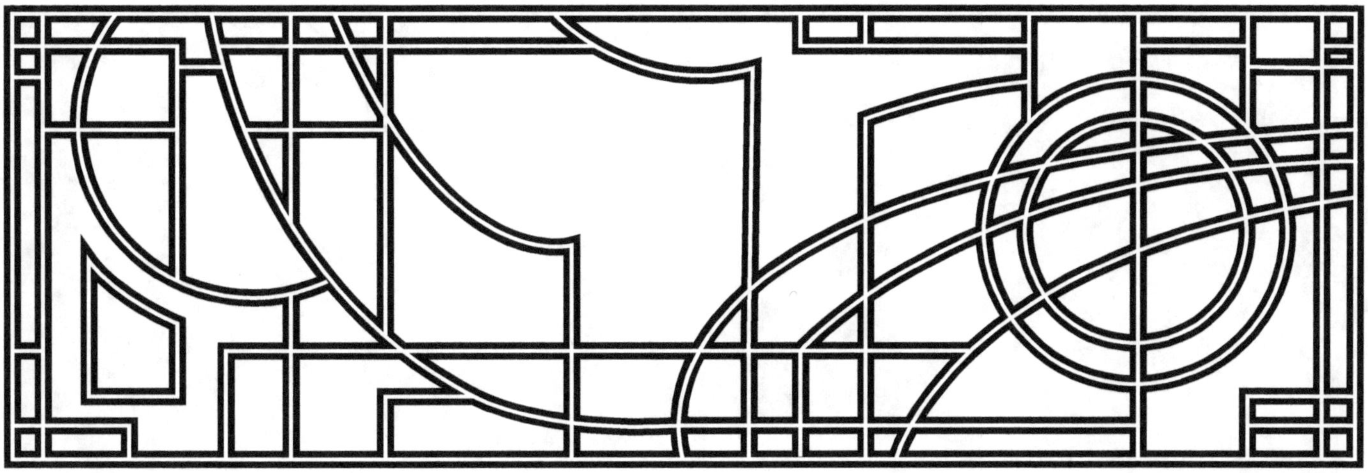

FAROSS

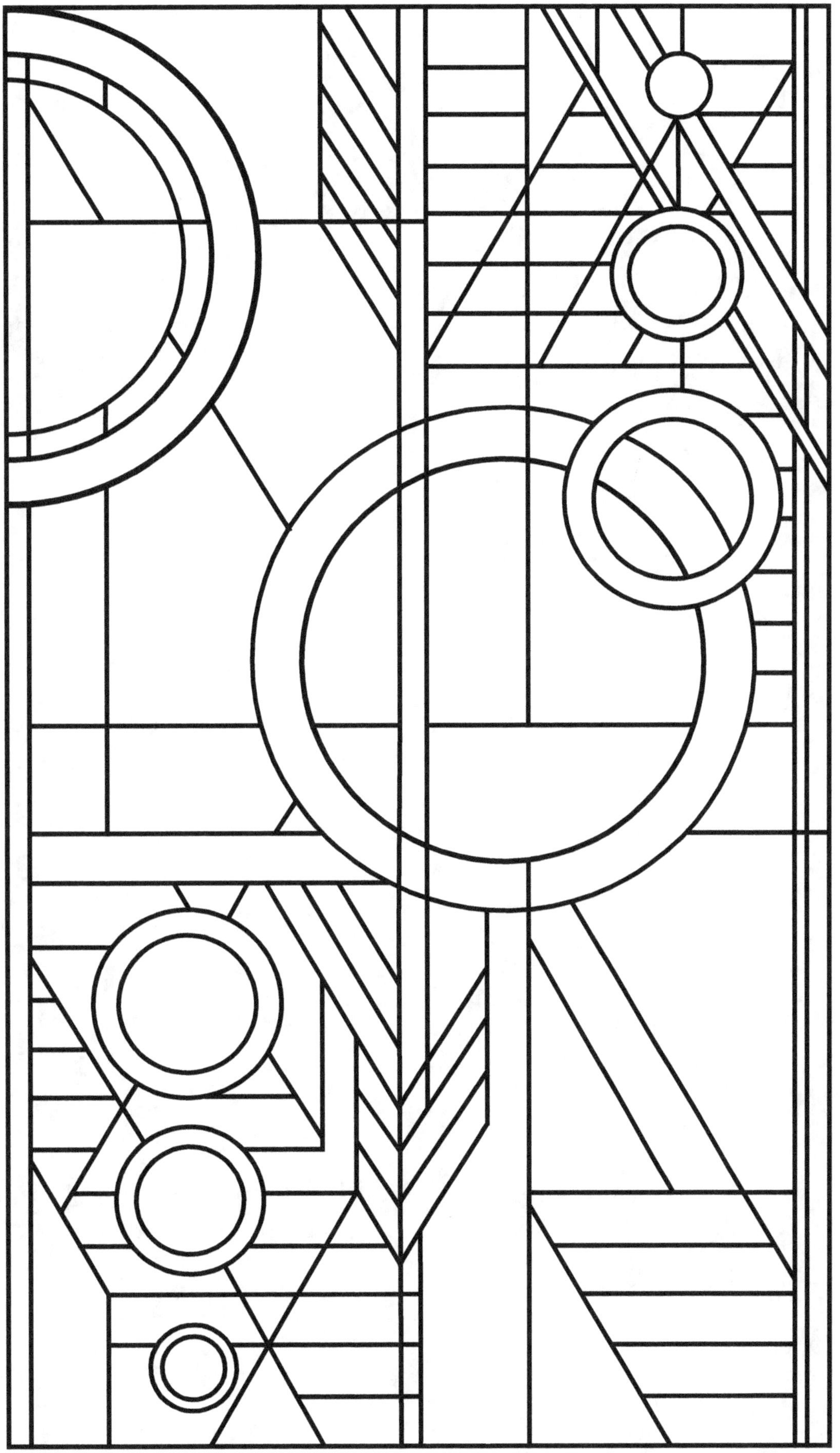
FAROSS

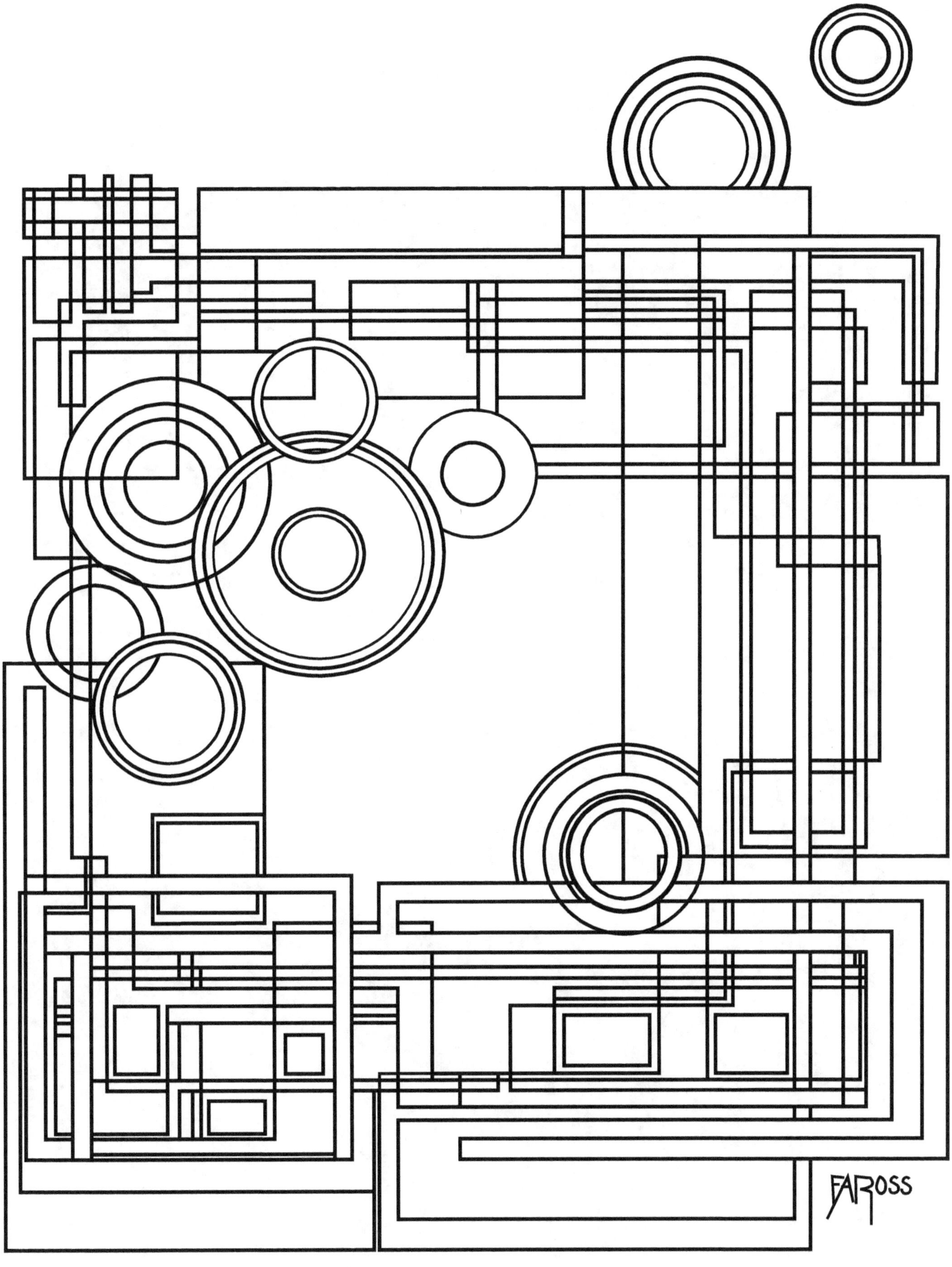
FAROSS

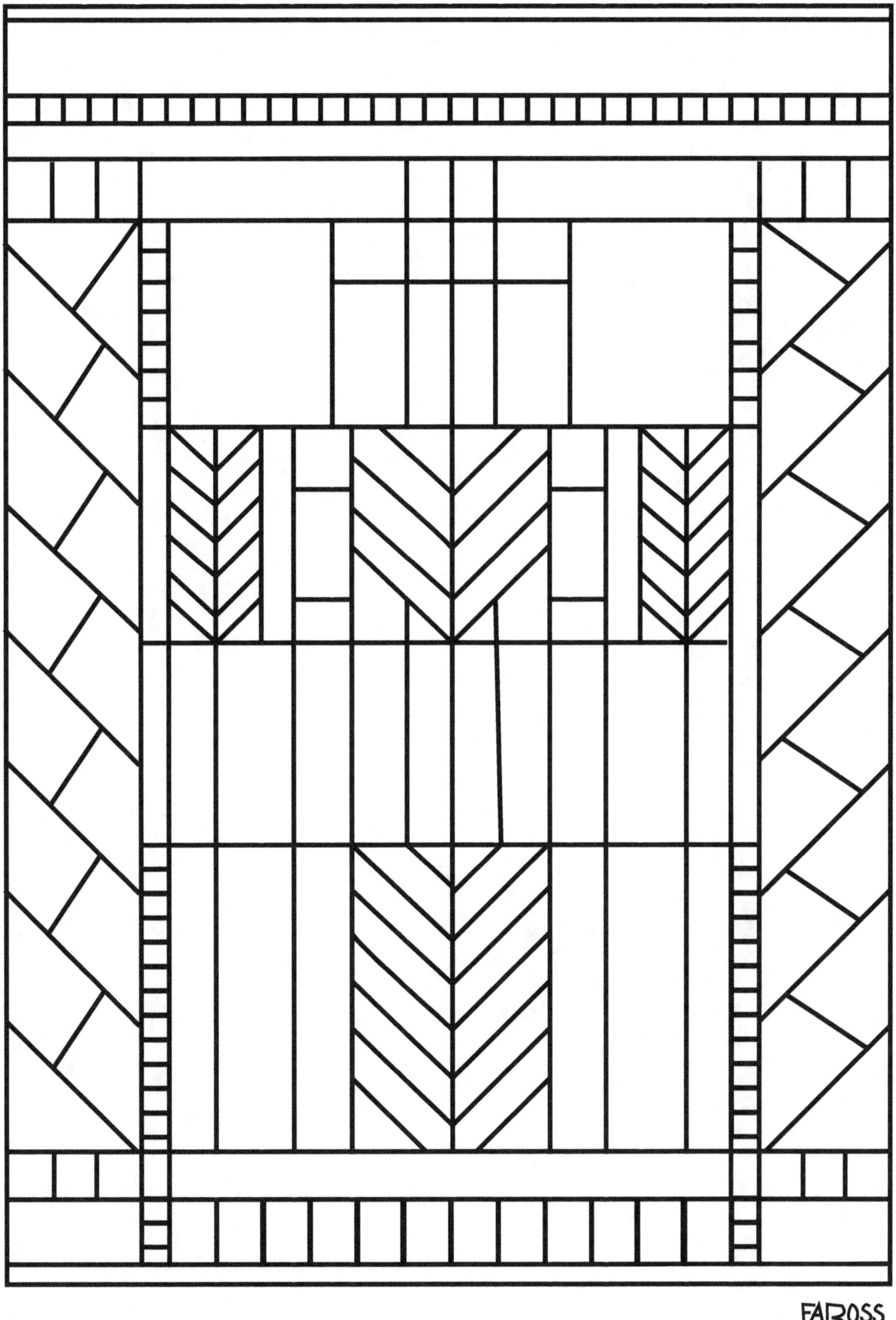

FAROSS

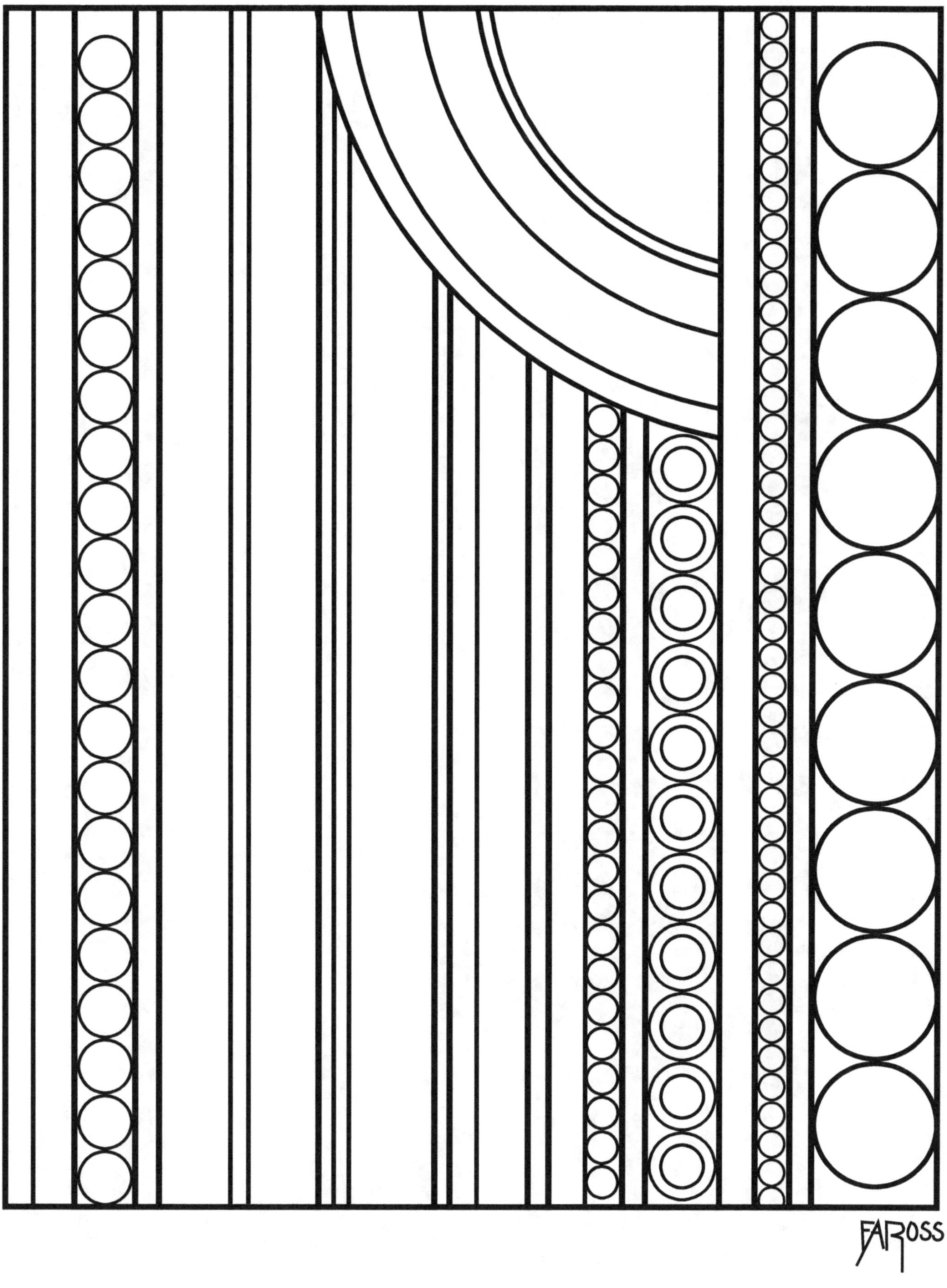
FAROSS

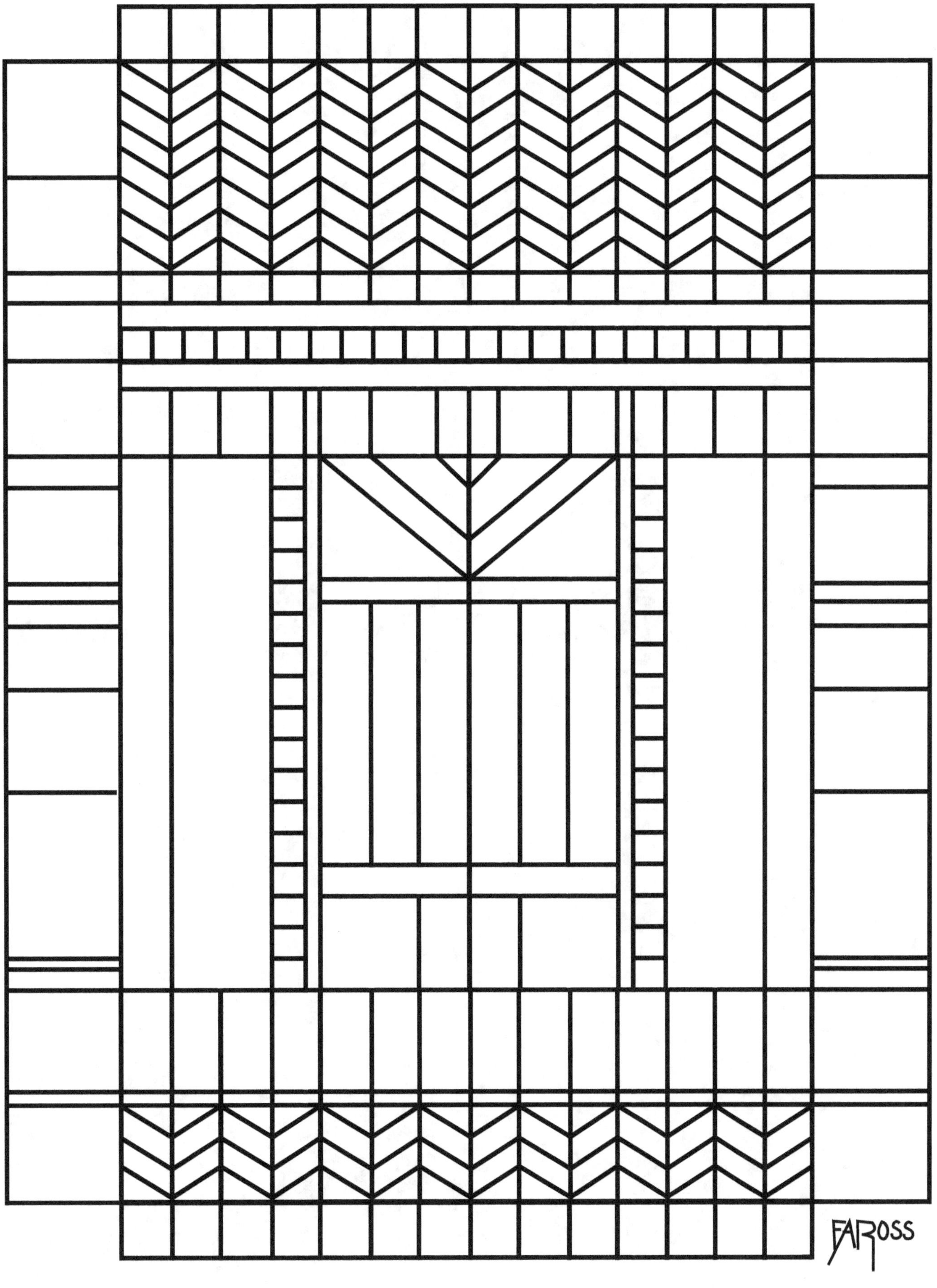
FARoss

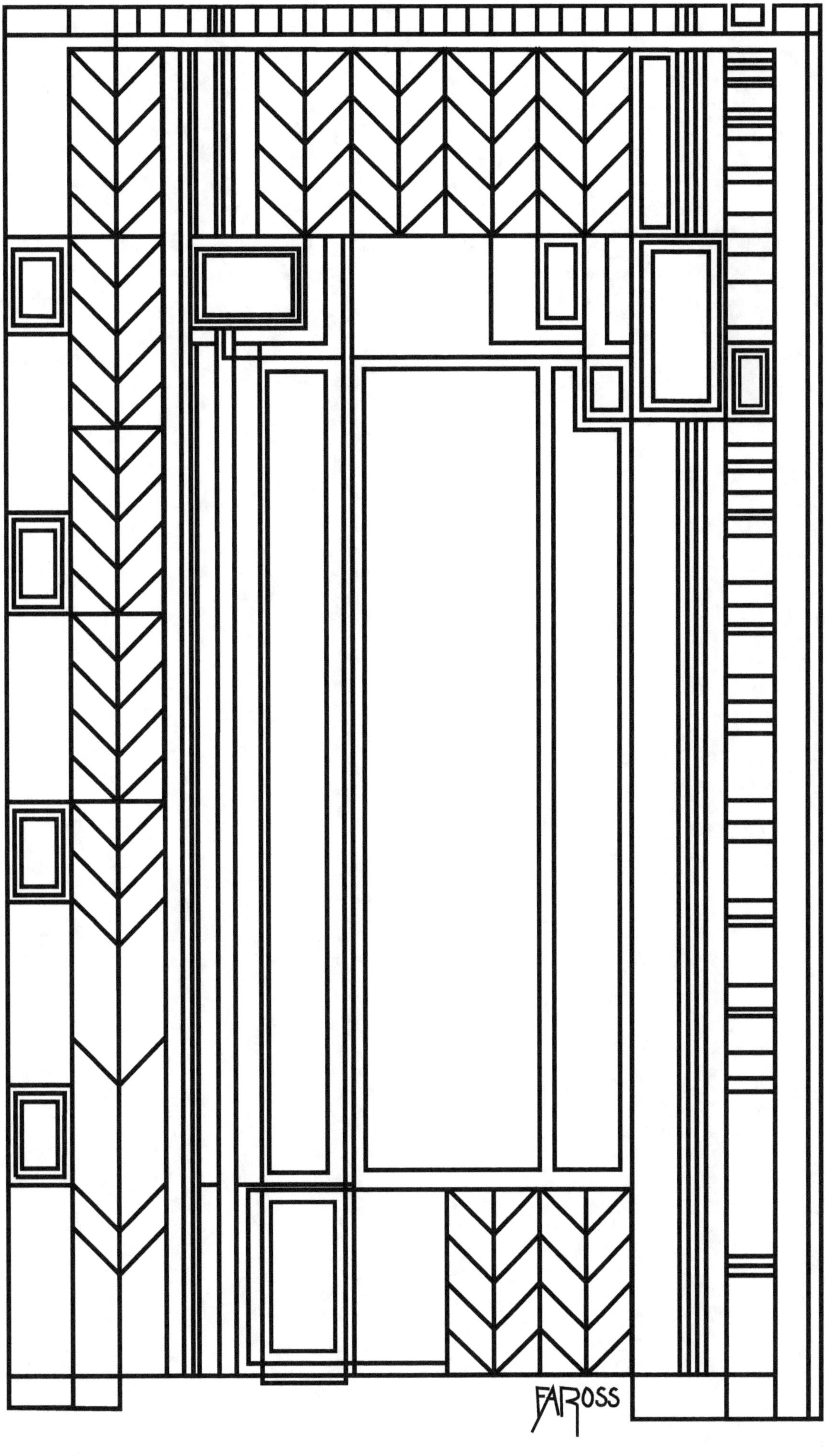
FAROSS

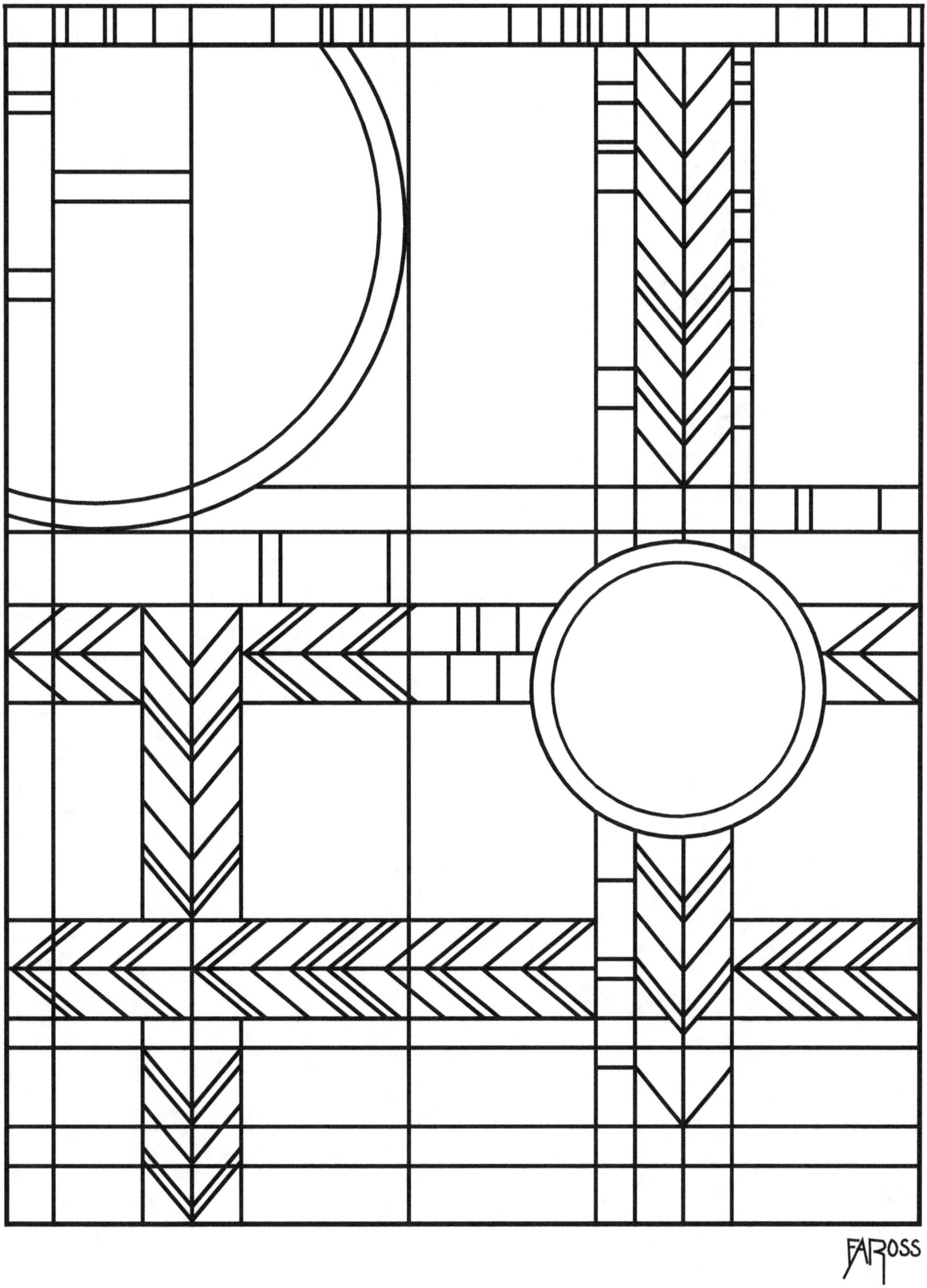
FAROSS

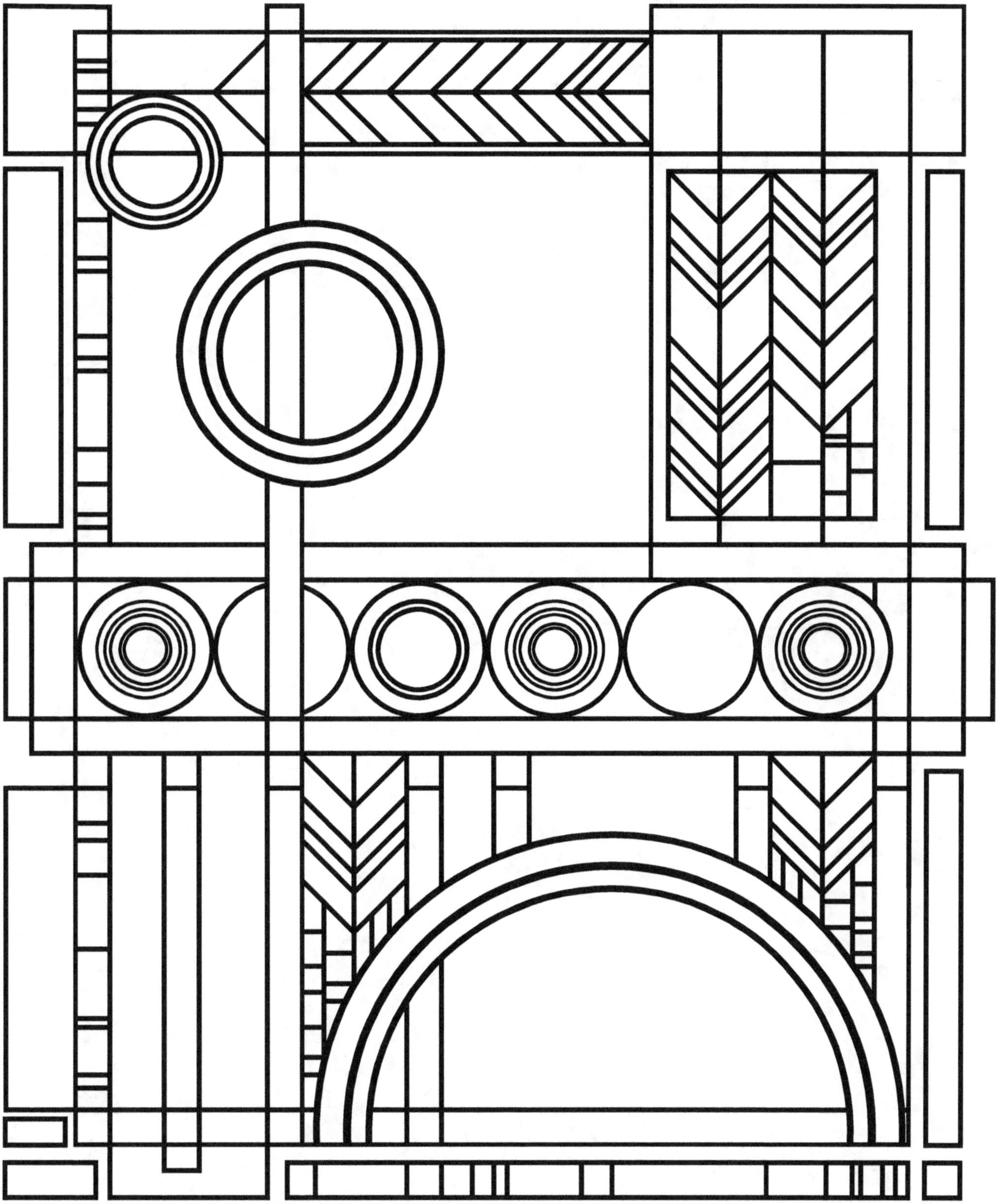

FAROSS

www.ingramcontent.com/pod-product-compliance
Lightning Source LLC
Chambersburg PA
CBHW080853170526
45158CB00009B/2721
9780692815786